처음 읽는 양자물리학

두레아이들

MI PRIMER LIBRO DE FÍSICA CUÁNTICA
(MY FIRST BOOK OF QUANTUM PHYSICS)
by Sheddad Kaid-Salah Ferrón, Eduard Altarriba

Copyright © Editorial Juventud, 2017
Text © by Sheddad Kaid-Salah Ferrón and Illustrations © Eduard Altarriba
Original Title: Mi primer libro de fisica cuantica
This edition published by agreement with Editorial Juventud, 2017.
www.editorialjuventud.es
All rights reserved.
Korean Translation Copyright © 2020, Dourei Publication Co.
Korean translation rights arranged with Editorial Juventud through Orange Agency.

이 책의 한국어판 저작권은 Orange Agency를 통해 Editorial Juventud와 독점계약을 맺은 도서출판 두레가 갖고 있습니다. 저작권법에 의해 한국 내에서 보호를 받는 저작물이므로 무단으로 전재하거나 복제할 수 없습니다.

처음 읽는
양자물리학

세다드 카이드-살라 페론 글 • 에두아르드 알타리바 그림 • 이충호 옮김 • 김선배 감수

두레아이들

차례

- 6 과학이 시작되기 이전
- 7 아이작 뉴턴
- 8 고전 물리학으로 할 수 있는 일
- 9 플랑크의 양자
- 10 빛의 수수께끼
- 11 맥스웰과 빛의 파동
- 12 아인슈타인과 빛
- 14 광자
- 16 파동인가 입자인가?
- 18 원자의 발견
- 20 원자
- 23 원소 주기율표
- 24 분자
- 26 원자 스펙트럼
- 29 보어의 양자화된 원자 모형
- 30 이중 슬릿 실험
- 32 물질파
- 33 슈뢰딩거의 고양이
- 34 하이젠베르크: 불확정성 원리
- 36 반물질 수수께끼
- 37 양자 얽힘
- 38 방사능
- 40 터널 효과
- 42 CERN(유럽입자물리학연구소)의 입자 가속기 내부
- 43 표준 모형
- 44 현대 물리학이 가져다준 혜택
- 45 현대 물리학이 미래에 가져다줄 혜택
- 46 양자물리학의 역사
- 48 수학적 우주
- 50 감사하는 말

과학이 시작되기 이전

수천 년 동안 사람들은 직접 보고 느끼는 방법으로 세계를 이해하려고 노력했어요. 이 방법으로 설명할 수 없는 것, 예컨대 "별이나 세계는 어떻게 생겨났는가?" 같은 질문들은 신화나 종교가 이야기하는 대로 해석했어요. 예를 들면, 산꼭대기에 올라가 보는 것만으로는 지구가 둥글거나 우주가 아주 광대하다는 사실을 알기가 어렵지요. 그런 사실을 확실하게 알려면, 완전히 다른 방법으로 생각하는 태도가 필요해요.

옛날 사람들은 대부분 신이 세계를 창조했다고 믿었어요. 인도 신화에서는 지구가 코끼리 네 마리의 등 위에 있다고 이야기해요. 또, 그 코끼리들은 거북의 등 위에 서 있고, 거북은 자기 꼬리를 입에 문 뱀 위에 있다고 하지요. 유럽 사람들은 아주 오랫동안 지구가 평평하다고 생각했어요.

고대 그리스 철학자들은 처음으로 감각과 느낌만으로는 세계를 제대로 알 수 없다고 생각했어요. 그리고 세계를 제대로 알려면, 관찰과 실험과 수학의 힘을 빌려야 한다고 생각했지요. 이미 기원전 3세기에 그리스의 에라토스테네스는 지구의 둘레 길이를 거의 정확하게 계산했어요. 그리고 약 천 년이 지난 뒤, 아랍의 알파르가니와 알비루니가 같은 계산을 했어요.

중세가 끝날 무렵까지도 많은 사람은 여전히 지구가 평평하다고 믿었지만, 실제로는 지구가 둥글다는 생각이 점차 퍼지기 시작했어요. 그러나 지구가 우주의 중심이고, 태양이 지구 주위를 돈다는 믿음만큼은 아무 변화가 없었어요. 그때, 코페르니쿠스가 이 믿음에 의문을 품고 우주를 관측한 결과를 바탕으로 태양이 태양계의 중심이라고 주장했어요.

아이작 뉴턴

갈릴레오 갈릴레이와 아이작 뉴턴 같은 과학자들 덕분에 16세기부터 사람들은 과학을 바탕으로 세계를 이해하기 시작했습니다.

사과는 왜 나무에서 떨어질까요? 물체가 땅으로 떨어진다는 사실은 모두 알았으나, 이 질문을 과학적으로 생각하고 그 답을 맨 처음 내놓은 사람은 뉴턴이에요. 뉴턴은 관찰과 계산을 바탕으로 만유인력의 법칙을 발견했어요. 이 법칙은 왜 물체가 땅으로 떨어지고, 왜 달이 지구 주위를 돌며, 왜 행성들이 태양 주위를 도는지 설명했어요.

뉴턴은 운동의 세 가지 법칙(뉴턴의 법칙이라고도 불러요)도 발견했어요. 이 법칙은 물체들이 어떻게, 그리고 왜 움직이는지 설명해요. 이 법칙을 이용해 당구공이 굴러가는 경로나 반대편 골라인을 향해 공을 차는 데 필요한 힘을 계산할 수 있어요.

고전 물리학으로 할 수 있는 일

포탄의 경로 계산

우주선의 궤도 계산

기계 장치처럼 돌아가는 우주

19세기 말이 되자, 세계에서 일어나는 거의 모든 현상을 뉴턴 같은 과학자들이 발견한 자연의 법칙들을 사용해 수학적으로 설명할 수 있게 되었어요.

이 법칙들(혹은 이론들)을 고전 물리학 또는 뉴턴 물리학이라고 불러요. 이 법칙들 덕분에 공학, 산업, 천문학 같은 분야들이 크게 발전했어요.

이제 과학자들이 거의 모든 것을 계산하고 밝혀낸 것처럼 보였어요. 그런데……

일식 예측

다리 건설

문제의 시작은 플랑크의 양자

물체를 가열하면 왜 빛이 나오는지 그 이유를 플랑크가 설명했다는 사실을 알고 있나요?

차가운 금속에서는 아무 빛도 나오지 않아요. 금속을 조금 가열하더라도, 금속에서는 여전히 빛이 나오지 않아요. 그러나 계속 가열하면, 금속이 달아오르면서 빨간색 빛이 나오기 시작하죠. 더 뜨겁게 가열하면 마침내 흰색 빛이 나오지요.

막스 플랑크는 뜨거운 물체에서 나오는 빛과 온도 사이에 어떤 관계가 있는지 알아내려고 했어요. 그러다가 플랑크는 놀라운 사실을 발견했어요. 그때까지 알려진 물리학으로는 그 현상을 제대로 설명할 수 없었어요! 많이 생각한 끝에 플랑크는 실험 결과를 제대로 설명하려면, 뜨거운 물체에서 나오는 에너지가 더 이상 나눌 수 없는 아주 작은 기본 단위의 덩어리로 이루어져 있다고 생각해야 한다는 결론을 얻었어요. 그리고 가장 작은 그 에너지 단위를 '양자(量子)'라고 불렀어요.

양자는 에너지가 가질 수 있는 가장 작은 기본 단위예요. 에너지는 이보다 더 작은 단위로 쪼갤 수 없어요.

에 너 지

양자

에너지가 무엇인지는 누구나 알지만, 그것이 정확하게 무엇인지 설명하라면 제대로 말할 수 있는 사람이 드물어요. 물리학에서는 에너지란 일을 할 수 있는 능력이라고 말해요. 에너지는 새로 생겨나지도 않고, 완전히 파괴돼 사라지지도 않아요. 그 대신에 한 형태에서 다른 형태로 변하기만 할 뿐이에요.

고전 물리학에서는 에너지가 연속적으로 존재한다고 생각했어요. 즉, 에너지가 띄엄띄엄 불연속적인 덩어리 상태로 존재한다고 보지 않았어요. 그런데 에너지 단위가 더 작게 쪼갤 수 없는 양자 단위로 존재한다는 플랑크의 개념은 이러한 고전 물리학 개념과 들어맞지 않아요.

양자 개념을 통해 물리학자들은 사물이 우리가 감지할 수 있는 범위에서 벗어나, 아주 다른 법칙에 따라 작용한다는 사실을 처음으로 깨달았어요.

그런데 그보다 먼저 살펴보아야 할 것이 있어요. 그것은 바로

빛의 수수께끼

빛은 파동인가 입자인가?

이미 뉴턴이 살던 시대에도 빛의 본질이 파동인지 입자인지를 놓고 논쟁이 치열했어요.
뉴턴은 빛이 직선 방향으로 나아가는 입자로 이루어져 있다고 생각했어요.

← 직선 방향으로 움직이는 뉴턴의 빛 입자

반면에 많은 과학자들은 빛이 파동으로 이루어져 있다고 생각했어요.
빛이 파동이 아니라면, 빛의 회절 현상을 제대로 설명할 수 없었거든요.

빛의 현상

반사는 빛이 어떤 표면에 부딪쳐 튀어 오는 현상을 말해요. 우리가 거울에 비친 자기 모습을 볼 수 있는 것은 바로 반사 때문이에요.

회절은 빛이 장애물이나 좁은 틈을 통과할 때, 빛이 그 뒤편(그림자 부분)까지 나아가는 현상을 말해요.

굴절은 빛이 한 매질에서 다른 매질로 들어갈 때 경계면에서 진행 방향이 바뀌는 현상을 말해요. 연필을 물이 든 컵 속에 담갔을 때 구부러져 보이는 것은 바로 굴절 때문이에요.

입자란 무엇인가?

입자는 아주 작은 물질 알갱이를 말해요.

예를 들면, 모래알은 해변의 모래를 이루는 입자예요. 모든 물체는 원자라는 작은 입자로 이루어져 있어요.

맥스웰과 빛의 파동

빛은 파동이다!

맥스웰은 유명한 네 가지 방정식으로 모든 전자기 현상을 설명했어요.

19세기 말에 제임스 클러크 맥스웰은 빛의 행동을 수학으로 설명할 수 있다는 사실을 발견했어요. 맥스웰은 빛이 파동이라고 주장했어요.

그렇다면 빛은 어떤 종류의 파동일까요?
빛은 전기와 자기로 이루어진 파동, 즉 전자기파예요.

파동이란 무엇인가?

파동은 공간에서 생겨난 요동이 주변으로 퍼져 가면서 에너지를 전달하는 움직임이에요.

연못에 돌을 던지면, 물에 요동이 일어나 동심원 모양으로 파동이 생겨나지요.

이런 의미에서 바다의 파도도 파동이에요.

이렇게 에너지는 크거나 작은 요동의 형태로 공간을 통해 전달될 수 있어요.

진폭　파장　진행 방향

빛은 엄청나게 빠른 속도로 달려요.
그 속도는 무려
초속 30만 km나 되어요.

이 속도는 1초에 지구를 일곱 바퀴 반이나 돌 수 있는 빠르기예요.

빛이 1년 동안 달리는 거리인 1광년은 얼마나 먼 거리인지 상상해 보세요.

이렇게 해서 맥스웰은 빛이 '파동이냐 입자냐' 하는 오랜 수수께끼를 해결했어요. 맥스웰은 빛이 파동이라는 쪽의 손을 들어 주었어요.

이걸로 이 문제는 해결된 것처럼 보였지만, 얼마 지나지 않아 문제가 다시 복잡해졌어요······.

아인슈타인과 빛

1900년에 물리학자들은 또 하나의 수수께끼에 맞닥뜨렸어요.

그것은 바로 빛이 전기로 변하는 현상인 광전 효과와 관련된 문제였어요.

그런데 전기란…… 무엇인가?

전자(e^-)는 음전하를 띤 입자로, 원자의 일부를 이루는 성분(이것에 대해서는 나중에 더 자세히 이야기할 거예요)이에요. 전류는 전하가 이동하는 현상인데, 물질 속에서 전자가 움직일 때 나타나요.

광전 효과는 어떻게 일어나는가?

전구와 금속 조각 두 개를 사용해 그림처럼 전기 회로를 만든 뒤, 금속 조각들에 보라색 빛을 비추면, 전기 회로의 전구에 불이 들어옵니다.

이런 일이 일어나는 이유는 전자들이 한 금속 조각에서 다른 금속 조각으로 건너뛰어 회로를 통해 전류가 계속 흐르기 때문입니다.

그러나 빨간색 빛을 금속 조각들에 비추면, 전자들이 금속 조각들 사이를 건너뛰지 못해 전류가 흐르지 못하고, 따라서 전구에 불이 들어오지 않아요.

왜 첫 번째 실험에서는 전구에 불이 들어오고, 두 번째 실험에서는 불이 들어오지 않을까요?

아인슈타인은 플랑크의 양자 개념을 바탕으로, 만약 빛이 파동이 아니라 입자(이를 '광자'라고 불렀어요)로 이루어져 있다면, 광전 효과를 다음과 같이 설명할 수 있다는 사실을 깨달았어요.

만약 금속에 보라색 빛을 쬐어 주면, 보라색 빛 광자가 금속 표면의 전자와 충돌해 전자를 하나씩 밖으로 튀어나오게 해요. 반면에 빨간색 빛 광자는 에너지가 충분히 크지 않아 전자를 금속 표면 밖으로 튀어나오게 할 수 없어요. 그래서 빨간색 빛 광자를 아무리 많이 금속 표면에 충돌시키더라도, 광전 효과가 일어나지 않는 거예요.

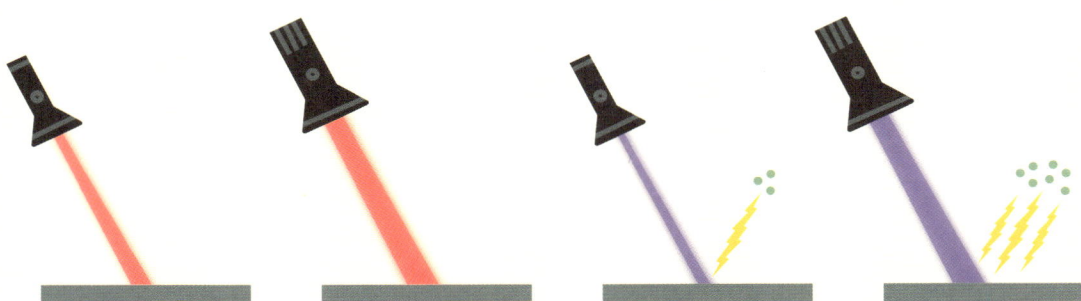

오늘날 광전 효과는 다양한 용도로 쓰이고 있어요. 예를 들면, 엘리베이터나 가게의 자동문에도 광전 효과가 쓰이고 있어요. 또, 태양 전지로 전기를 만드는 데에도 쓰여요.

빛의 입자

광자는 빛을 이루는 기본 입자예요.

광자는 광양자('빛의 양자'라는 뜻) 또는 에너지 양자라고 부르기도 해요. 광양자는 아인슈타인이 즐겨 쓰던 용어예요. 광자는 아주 특별한 입자인데, 질량이 없고, 더 작게 쪼갤 수 없으며, 빛의 속도(초속 약 30만 km)로 달려요.

← 에너지가 큼

자외선 | 보라색 | 파란색

진동수

빛의 색은 그 진동수에 따라 달라져요. 진동수는 파동의 중요한 특징 중 하나예요. 빛은 색에 따라 빛을 이루는 광자의 종류가 달라요.

예를 들면, 파란색 빛 광자, 초록색 빛 광자, 노란색 빛 광자, 빨간색 빛 광자 등이 있어요. **광자는 진동수가 클수록 더 큰 에너지를 갖고 있어요.**

그래서 빛은 파동인가 입자인가? 큰 딜레마

회절 현상을 설명하려면, 빛은 파동이어야 한다.
(맥스웰)

광전 효과와 빛에 관한 그 밖의 현상은 빛이 입자여야만 설명이 가능하다.
(뉴턴과 아인슈타인)

그리고 어떤 현상들은 어느 이론으로도 설명할 수 있어요. 예를 들면, 빛이 직선으로 나아가는 현상(반사와 굴절)이 있지요.

실재에 대해 서로 모순되는 두 가지 그림이 있는 것처럼 보인다. 이 그림들은 각자 따로 놓고 보면, 어느 쪽도 빛에 관한 현상을 완벽하게 설명하지 못하는 반면, 둘을 합쳐서 생각하면 설명할 수 있다!
(아인슈타인)

사실, 빛이 때로는 파동처럼 행동하고, 때로는 입자처럼 행동한다는 사실을 받아들이지 않을 수 없었어요.

정말 이상한 소리처럼 들리지요? 그렇다면 빛은 왜 때로는 파동으로 행동하고, 때로는 입자로 행동할까요? 그것은 우리가 사물을 어떻게 관찰하느냐에 따라 달라져요. 즉, 우리가 하는 실험 방법에 따라 결과가 달라진다는 이야기예요.

광자야, 안녕!

반가워, 파동아!

빛의 기묘한 행동은 고전 물리학 법칙과 들어맞지 않았어요. 그래서 나온 이론이 양자론이에요.

이 기묘한 빛의 행동을 이렇게 불러요.

파동-입자 이중성

그런데 무엇보다 믿기 힘든 것은 이런 성질을 빛만 가진 게 아니라는 사실이에요. '파동-입자 이중성'은 다른 입자에서도 나타나요. 즉, 입자도 가끔 파동처럼 행동해요! 더 자세한 이야기는 나중에 나올 거예요.

푸딩을 얼마나 많은 조각으로 자를 수 있을까?

먼저 전체를 반으로 자른 뒤, 그 두 조각을 다시 각각 반으로 자르고, 각각의 조각을 다시 반으로 자르는 식으로 계속 자를 수 있어요. 그러나 언제까지 계속 그렇게 할 수 있을까요?

러더퍼드와 원자의 발견

푸딩을 자르는 데모크리토스

그로부터 2000년 이상이 지난 뒤에야 과학자들은 실제로 원자가 존재한다는 사실을 발견했어요.

약 2500년 전, 고대 그리스 철학자들은 물질이 무엇으로 이루어져 있을까 하고 깊이 생각했어요. 어떤 철학자들은 물체를 원하는 만큼 계속 더 작은 조각으로 쪼갤 수 있다고 생각했어요. 반면에 어떤 철학자들은 그렇게 계속하다 보면, 결국은 더 작은 조각으로 쪼갤 수 없는 순간이 온다고 생각했어요. 즉, 더 이상 '쪼갤 수 없는' 입자가 나온다는 거지요. 그 입자를 그리스 어로 '아토모스(atomos)'라고 불렀는데, '더 이상 나눌 수 없는'이라는 뜻이에요. 원자를 뜻하는 단어 아톰(atom)은 아토모스에서 유래했어요.

원자

모든 물질은 원자로 이루어져 있고, 원자는 전자와 양성자와 중성자라는 세 종류의 입자로 이루어져 있어요.

전자는 원자핵 주위에 구름처럼 흩어져 있는데, 이러한 전자의 분포 상태를 오비탈이라 불러요.

어떤 원자에 들어 있는 전자의 수는 원자핵에 있는 양성자 수와 같아요.

원자핵은 양성자와 중성자로 이루어져 있어요.

원자핵 속에서 양성자와 중성자를 결합시키는 힘을 강한 상호 작용 또는 강력(또는 핵력)이라고 불러요.

원자핵 속의 양성자는 전자기력으로 전자를 끌어당겨요.

전자가 에너지를 얻거나 잃으면, 한 궤도에서 다른 궤도로 이동할 수 있어요.

전자
아주 작고 음전하를 띠고 있어요.

원자핵

양성자 — 양전하를 띠고 있어요.

중성자 — 전하가 없어 전기적으로 중성이에요.

원자의 실제 모습은 이 그림과 비슷해요.

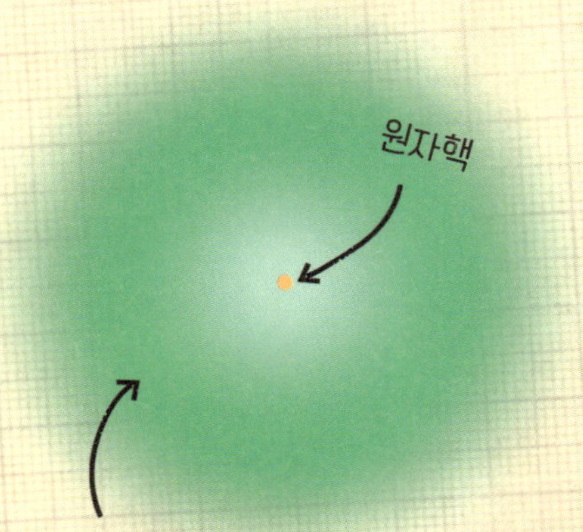

원자핵

오비탈은 구름 모양을 하고 있는데, 구름이 짙은 곳일수록 그곳에 전자가 존재할 확률이 더 높아요.

얼마 전까지만 해도 양성자와 중성자는 더 이상 쪼갤 수 없는 입자라고 생각했지만, 쿼크라는 더 작은 입자들로 이루어져 있다는 사실이 밝혀졌어요.

맙소사……
우리가 텅 비어 있다니!

우리는 원자를 이해하기 위해 원자의 모습을 흔히 왼쪽의 그림과 같은 모습으로 나타내지만, 각 입자들의 실제 크기 비율은 아주 달라요. 만약 원자핵이 공만 하다면, 전자들은 수 킬로미터 밖에서 원자핵 주위를 돌고 있을 거예요!

원자 내부는 대부분 텅 빈 공간이에요. 그리고 우리는 원자로 이루어져 있으니, 이것은 곧……

우리 역시 텅 비어 있다는 뜻이에요!

모든 것은 원자로 이루어져 있다!

우리 주변의 모든 것은 원자로 이루어져 있어요.

따라서 원자는 세계를 이루는 기본 구성 요소라고 말할 수 있어요. 서로 다른 원자 조각들을 결합함으로써 유리잔과 나무 조각, 이 책을 이루는 종이, 우리가 숨 쉬는 공기, 애완동물, 친구, 부모, 그리고 여러분까지 만들 수 있어요!

모든 원자는 똑같은 종류의 입자들 양성자 와 중성자 와 전자 로 이루어져 있지만, 양성자의 수에 따라 원자의 종류가 달라져요.

각 종류의 원자를 원소 라고 해요. 가장 가벼운 원소인 수소 원자는 원자핵에 양성자가 1개만 있어요. 반면에 아주 무거운 원소인 우라늄 원자는 양성자가 92개나 있어요.

지금까지 발견된 원소는 모두 118개예요!

그리고 앞으로 더 발견될 수도 있어요.

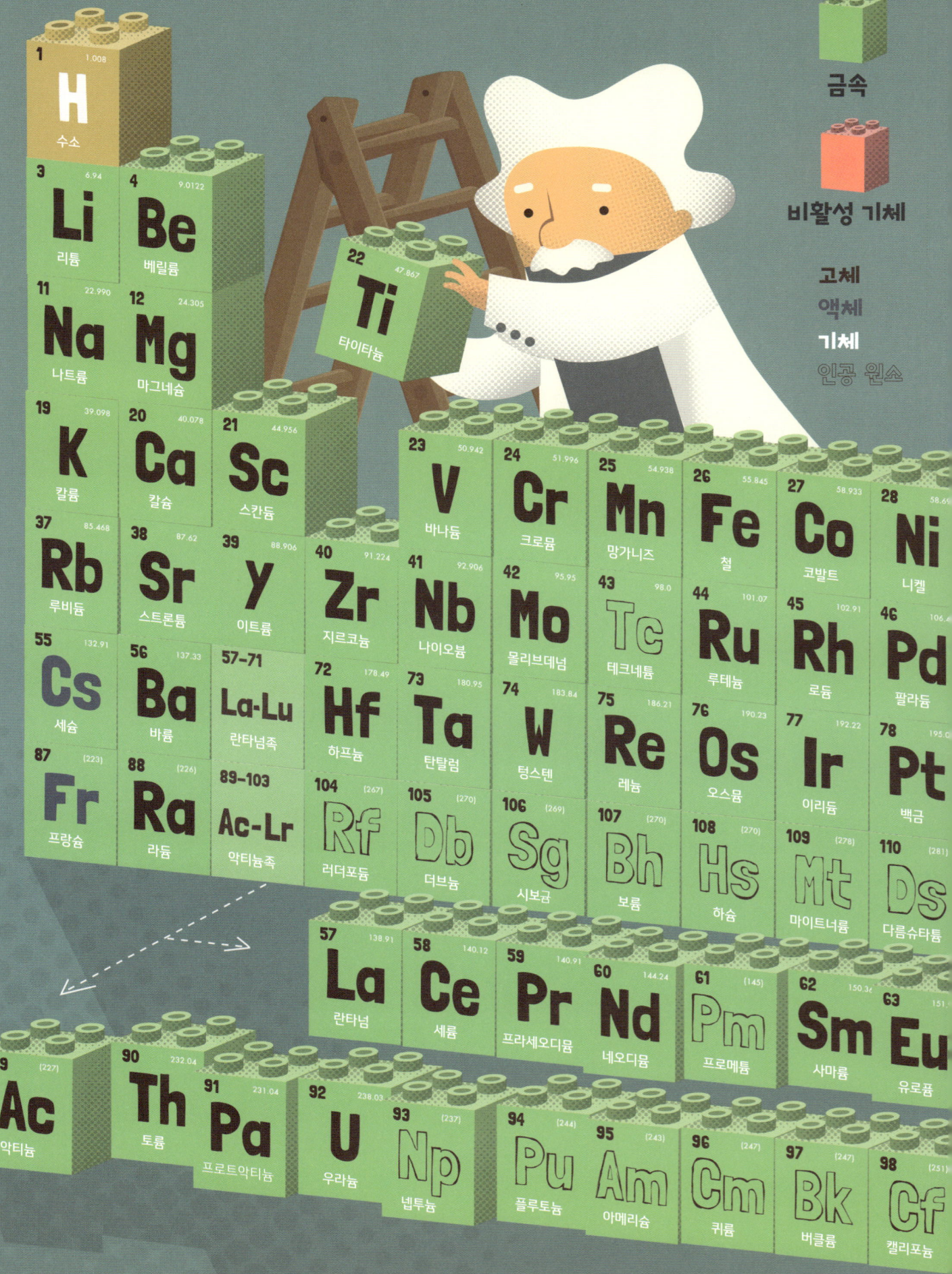

원소 주기율표

비금속

준금속

원소는 가벼운 것도 있고 무거운 것도 있어요. 또, 무른 원소도 있고 단단한 원소도 있어요. 실온에서 어떤 원소는 기체 상태인 반면, 액체 상태나 고체 상태로 존재하는 원소도 있어요. 금속 원소가 있는가 하면, 금속이 아닌 원소도 있어요. 모든 원소는 각각 독특하며, 특유의 성질을 지니고 있어요.

드미트리 멘델레예프는 원소들을 특별한 방식으로 배열했는데, 이것을 원소 주기율표라고 불러요. 이 표에서 원소들은 원자 번호가 증가하는 순으로(즉, 원자핵 속의 양성자 수가 증가하는 순으로) 배열돼 있는데, 같은 세로줄에 있는 원소들은 비슷한 성질을 지니고 있어요.

원자 번호는 그 원소의 원자핵에 들어 있는 양성자 수와 같아요. 원자 번호는 원소 기호 왼쪽 위에 숫자로 표시해요.

수소는 원자핵에 양성자가 1개만 들어 있어요. 그래서 수소는 가장 가벼운 원소예요.

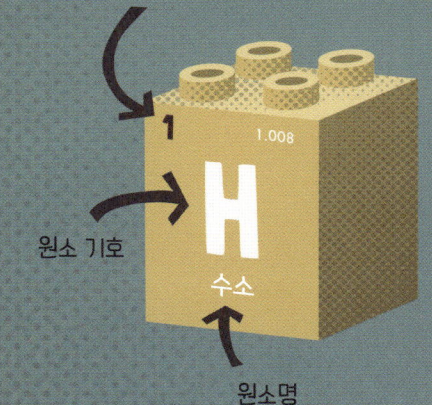

반면에 금은 원자핵 속에 양성자가 79개나 있어요.

모든 원자에 들어 있는 전자의 수는 원자핵 속의 양성자 수와 똑같다는 사실을 꼭 기억하세요.

분자

주기율표에 나오는 다양한 원소들의 원자들을 이리저리 결합하면, 자연에서 발견되는 모든 물질을 만들 수 있어요.

물질은 대부분 분자라고 부르는 원자들의 집단으로 이루어져 있어요.

각각의 분자를 이루는 원자들은 특별한 전자들을 공유함으로써 결합돼 있는데, 이 특별한 전자들을 '원자가 전자'라 불러요.

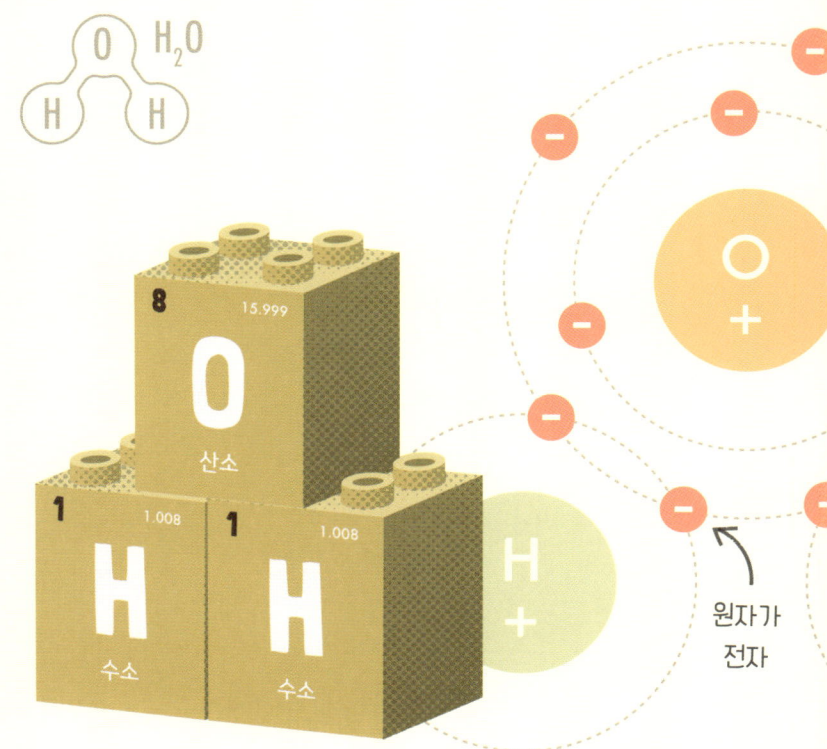

산소 원자 1개와 수소 원자 2개가 결합하면 물 분자가 된답니다.

우리가 숨 쉬는 산소 분자는 산소 원자 2개만으로 이루어져 있어요.

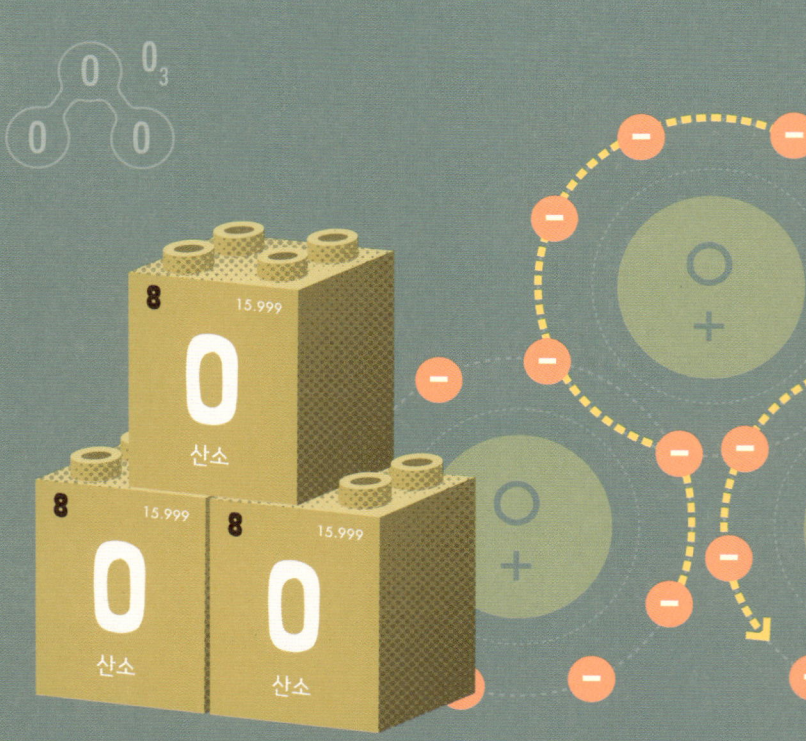

산소 원자 3개가 결합하면, 독성이 아주 강하고 보라색을 띈 기체인 오존 분자가 되어요.

물

물은 수많은 물 분자들이 모인 것이에요. 지름 1mm의 물 한 방울 속에 들어 있는 물 분자의 수는 약 3,342,885,215,000,000,000,000개나 되어요.

포도당

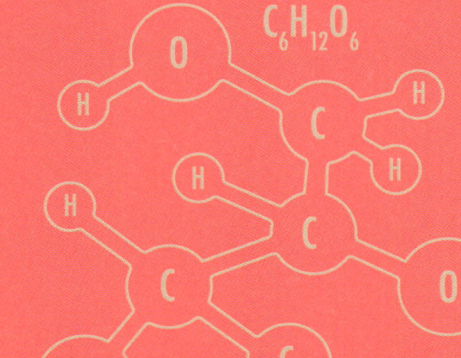

$C_6H_{12}O_6$

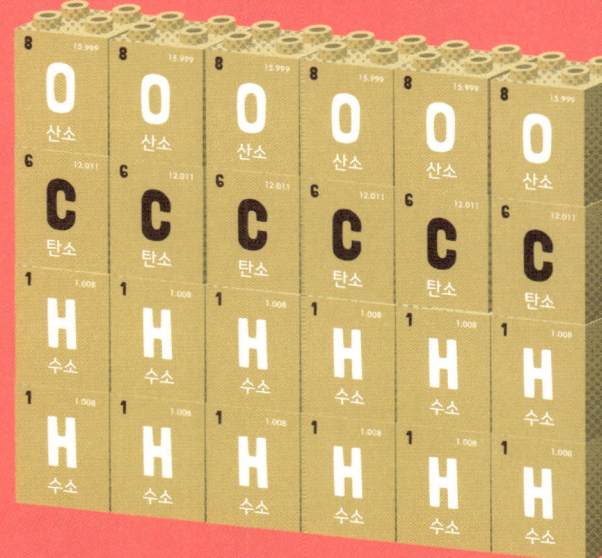

포도당 분자는 물 분자보다 더 커요. 포도당 분자는 탄소 원자 6개와 수소 원자 12개, 그리고 산소 원자 6개, 모두 합쳐서 24개의 원자로 이루어져 있어요.

DNA

우리 세포 속에 들어 있는 DNA 분자는 세상에서 가장 큰 분자예요. DNA는 수백만 개의 원자로 이루어져 있어요.

두 원자가 공유하는 전자는 항상 원자핵에서 가장 먼 맨 바깥쪽 궤도에 있어요.

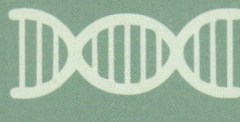

← 전자구름

금속 분자는 좀 특별해요. 아주 많은 금속 원자들이 모든 원자가 전자들을 공유하면서 일종의 초분자를 이루고 있거든요. 금속의 원자가 전자들은 자유롭게 이동할 수 있는 전자구름을 이루고 있어요.

오존

철

원자 스펙트럼

태양은 온도가 매우 높아서 백색광(흰색 빛)을 내뿜어요. 백색광은 무지개를 이루는 모든 색이 다 합쳐진 것이에요. 백색광을 프리즘에 통과시키면, 그 모든 색이 갈라져 나오는 걸 볼 수 있어요. 이렇게 해서 태양 스펙트럼을 얻을 수 있어요.

원소 물질을 가열해 기체 상태로 변하게 하면, 그 과정에서 빛이 나와요.

이 빛을 프리즘에 통과시켜 구성 성분들로 쪼개 보면, 햇빛과 달리 모든 색이 다 나오지 않아요. 그저 몇몇 색의 선들만 나와요.

이 스펙트럼을 방출 스펙트럼이라고 불러요.

원소마다 제각각 고유한 방출 스펙트럼을 갖고 있어서 다른 원소들과 구별할 수 있어요.

예를 들면, 산소의 방출 스펙트럼은 수소의 방출 스펙트럼과 달라요.

태양 스펙트럼

수소의 방출 스펙트럼

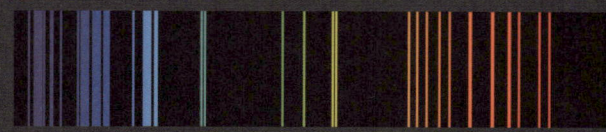

산소의 방출 스펙트럼

어떤 별의 빛을 분해했을 때 수소의 스펙트럼이 나타난다면, 그 별에 수소 원자가 있다는 걸 알 수 있어요.
이 방법으로 우리는 너무 멀어서 갈 수 없는 별에 어떤 원소들이 있는지 알 수 있어요.

별빛의 스펙트럼을 얻는 데에는 분광기라는 장비를 사용해요. 분광기는 아주 민감하고 정확하지만, 본질적으로는 프리즘과 똑같은 일을 해요. 즉, 빛을 그 구성 성분들로 분해하는 것이지요.

20세기 초에 물리학자들은 많은 원소들의 스펙트럼을 얻었지만,
그것을 제대로 설명할 수 없었어요.
그때 위대한 물리학자 닐스 보어가 그 해결책을 내놓았어요.

닐스 보어

원자가 무엇인지 고민하는 덴마크 물리학자 닐스 보어

보어는 방출 스펙트럼과 그 밖의 원자 현상들을 설명하는 개념을 내놓았어요.

보어는 원자 속의 전자들은 마치 행성이 태양 주위를 도는 것처럼 원자핵 주위에서 각자의 궤도를 돌고 있다고 생각했어요. 하지만 한 가지 차이점이 있는데, 전자는 특정 궤도들만 지나갈 수 있어요.

나머지 궤도들에는 전자가 갈 수 없어요. 그것은 바로 궤도들이 양자화되어 있기 때문이에요.

1 전자는 자신이 '편안하게' 느끼는 궤도에서 느긋하게 원자핵 주위를 돌아요.

전자

순간적인 양자 도약

방출된 광자

4 전에 있던 궤도로 돌아가려면 얻은 에너지를 잃어야 하는데, 광자를 방출하면 그렇게 할 수 있어요.

방출되는 광자는 모두 같은 색(같은 진동수)인데,

보어의 양자화된 원자 모형

에너지 준위가 높은 궤도

순간적인 양자 도약

에너지 준위가 낮은 궤도 ← 에너지

양성자와 중성자로 이루어진 원자핵

전자가 에너지를 흡수하면, 더 높은 궤도로 옮겨 가요. ②

이것이 **양자화된 원자**에 대한 최초의 생각이었어요.

전자는 새로운 궤도가 '편안하지' 않아 원래 궤도로 돌아가고 싶어 해요. ③

방출 스펙트럼에서 선들로 나타나는 것이 바로 이것이에요.

이중 슬릿 실험

이 유명한 실험은 아원자 입자가 믿기 힘든 방식으로 행동한다는 것을 보여 주었어요.

먼저, 구슬을 발사하는 총과 파동을 발사하는 총이 있다고 상상해 보세요.

1 구슬 발사하기

만약 슬릿을 하나만 연 채 구슬들을 발사하면, 거의 모든 구슬이 열린 슬릿 뒤쪽에만 가서 충돌할 거예요.

만약 두 슬릿을 모두 연 채 구슬들을 발사하면, 구슬들은 양쪽 슬릿을 똑같이 통과해 그 뒤쪽에 충돌할 거예요.

← 입자들의 패턴

2 파동 발사하기

두 슬릿을 향해 파동을 발사하면, 그 뒤의 벽에는 파동의 패턴이 나타납니다(조금 이상하게 들리나요?). 그림으로 그려 보면, 이해하기가 더 쉬워요.

← 파동의 패턴 (간섭무늬)

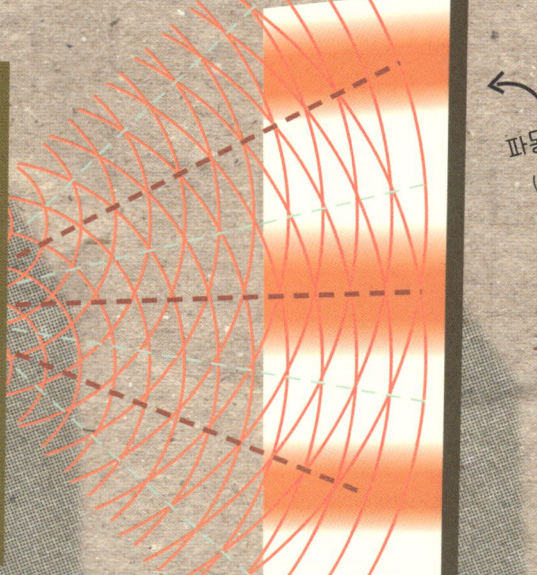

1801년에 토머스 영은 최초로 빛을 사용해 이 실험을 해 보았어요. 그리고 이 실험을 통해 빛이 파동처럼 행동한다는 사실을 발견했어요. 그런데 빛은 어떤 종류의 파동일까요? 우리는 앞에서 맥스웰이 빛의 정체가 전자기파(전기장과 자기장으로 이루어진 파동)임을 밝혀낸 것을 보았어요.

파동-입자 이중성: 양자 세계의 마술

지금까지 모든 일은 정상적으로 일어났어요. 그렇지 않나요? 그런데 아원자 세계에서는 어떤 일이 일어날까요? 전자를 사용해 이중 슬릿 실험을 해 보기로 해요.

❶ 한쪽 슬릿을 닫았을 때

한쪽 슬릿을 닫아 놓고 전자들을 발사하면, 전자들은 구슬처럼 행동합니다. 뒤쪽 스크린에는 입자의 패턴이 나타나지요.

❷ 두 슬릿을 모두 열었을 때

여기서 놀라운 일이 일어납니다. 이번에는 파동의 패턴이 나타납니다. 즉, 전자들은 입자가 아니라 파동처럼 행동합니다.

⁉ 전자는 두 슬릿이 다 열렸는지 하나만 열렸는지 어떻게 알까요? 전자들은 서로에게 경고를 하면서 파동으로 행동할지 입자로 행동할지 결정하는 것일까요? 아니면, 한쪽 슬릿을 통과하고 나서 다시 다른 슬릿을 통과한 뒤에 감지기에 도달하는 것일까요?

❸ 무슨 일이 일어나는지 우리가 지켜보면?

과학자들은 두 슬릿을 열어 놓은 채 전자가 어느 쪽을 지나가는지 '보는' 장비를 설치했어요. 그러자 전자는 다시 입자처럼 행동하기 시작했어요.

⁉ 전자는 누가 자신을 훔쳐본다는 것을 알고 행동을 바꾼 것일까요?

입자

파동

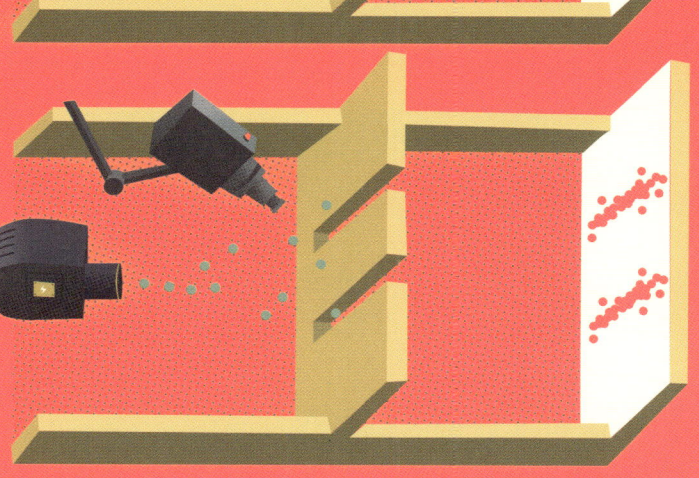

입자

이 질문들에 답하려면 먼저 전자들이 제각각 별개의 존재가 아니고 모두 다 똑같다는 사실을 알아야 해요. 전자는 실험하는 방법에 따라 각각 다른 방식으로 행동해요. 이것이 바로 파동-입자 이중성이라고 부르는 현상이에요.

우리는 이미 빛이 이렇게 기묘한 방식으로 행동한다는 것을 보았어요.

그러나 이러한 이중성을 보이는 것은 전자와 광자뿐만이 아니에요. 양성자와 중성자 같은 나머지 모든 아원자 입자와 심지어 원자도 이런 행동을 보여요. 심지어 일부 큰 분자들도 파동-입자 이중성을 나타낸다는 사실이 발견되었어요!

물질파

이중 슬릿 실험을 통해 우리는 전자가 때로는 파동처럼 행동한다는 사실을 알았어요. 그런데 그것은 어떤 종류의 파동일까요? 우리는 그것이 광파(전자기파)나 기타 현이 떨리는 파동(역학적 파동) 같은 것이 아니라는 사실을 알고 있어요.

프랑스 물리학자 루이 드브로이는 아인슈타인의 광자 개념에서 영감을 얻어 어쩌면 물질(예컨대 전자)도 파동처럼 행동할 수 있지 않을까 생각했어요.

사람들은 처음에는 드브로이의 생각을 대수롭지 않게 여겼어요. 하지만 오스트리아 물리학자 에르빈 슈뢰딩거는 이 개념에 주목하여 물질을 기술하는 파동 방정식을 만들었어요. 그리고 놀라운 결론을 얻었는데, 그것은 다음과 같아요.

'물질파'는 확률파이다

이것은 도대체 무슨 뜻일까요?

예를 들어 살펴보기로 해요.

양자 스핀

스핀(spin)은 양자역학적 입자가 지닌 성질이에요. 스핀은 입자가 어느 방향으로 자전하는지 알려 주어요. 전자의 경우에는 업(up, 오른쪽 방향의 회전)과 다운(down, 왼쪽 방향의 회전), 이렇게 두 가지 스핀 상태밖에 없어요.

전자의 상태 Ⓐ
업 스핀

전자의 상태 Ⓑ
다운 스핀

우리는 어느 순간에 전자의 스핀이 업인지 다운인지 알 수가 없어요.
다만 그중 한 상태에 있을 확률이 50%라는 것만 알 수 있어요.

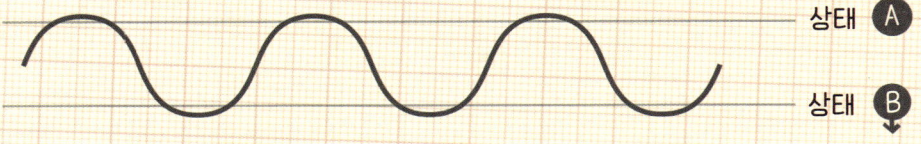
상태 Ⓐ
상태 Ⓑ

측정 장비로 전자의 상태를 직접 측정할 때에만 그 스핀이 업인지 다운인지 결정되어요. 이때, 우리는 파동함수가 붕괴했다고 말해요.

슈뢰딩거가 자신의 유명한 고양이를 사용해 이 기묘한 개념을 설명한 방식을 살펴보기로 해요. →

이것은 슈뢰딩거가 양자물리학을 쉽게 설명하기 위해 고안한 유명한 사고 실험(실제로 고양이를 이 상자에 집어넣은 사람은 아무도 없어요)이에요.

첫 번째 가능성

만약 입자가 이곳을 지나간다면, 병뚜껑이 깨지면서 독가스가 나온다.

입자 발생 장치

뚜껑

두 번째 가능성

만약 입자가 이곳을 지나간다면, 아무 일도 일어나지 않고, 고양이는 살아남는다.

슈뢰딩거의 고양이
파동함수의 붕괴

문

독가스가 든 병

고양이

이 실험에서는 고양이를 독가스 병이 들어 있는 상자 속에 집어넣어요. 방사성 입자가 나오느냐 나오지 않느냐에 따라 병은 깨질 확률과 깨지지 않을 확률이 각각 50%예요.
우리가 상자 속을 들여다보기 전에는 고양이가 살아 있을 확률이 50%, 죽어 있을 확률이 50%예요.

따라서 상자를 열지 않는 한, 고양이는 살아 있는 동시에 죽어 있다고 말할 수 있지요.

상자를 열어 보아야만 우리가 고양이의 실제 상태를 알 수 있어요. 그러면 고양이는 살아 있거나 죽어 있거나 둘 중 어느 한 상태에 있지, 동시에 두 상태에 있지 않아요.

우리가 상자 속을 들여다보아야만 파동함수가 붕괴하고, 그제야 우리는 고양이가 살아 있는지 죽어 있는지 알 수 있어요.

아인슈타인은 자연이 예측 가능한 인과 관계 대신에 확률을 바탕으로 작용한다는 양자물리학 개념이 마음에 들지 않았어요. 그래서 "신은 주사위 놀이를 하지 않는다"라는 말로 이 불편한 감정을 표현했어요.

정말로 놀라운 것은 우리의 관찰 행위에 따라 자연이 고양이의 상태를 결정한다는 사실이에요.

하이젠베르크: 불확정성 원리

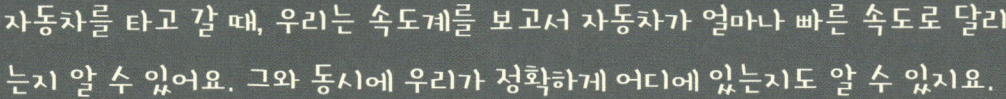

자동차를 타고 갈 때, 우리는 속도계를 보고서 자동차가 얼마나 빠른 속도로 달리는지 알 수 있어요. 그와 동시에 우리가 정확하게 어디에 있는지도 알 수 있지요.

다시 말해서, 우리는 어느 순간에 어떤 물체의 위치와 속도를 아주 정확하게 알 수 있어요.

그런데 전자의 위치와 속도를 알려고 하면, 어떤 일이 일어날까요?

물리학자 베르너 하이젠베르크는 양자 세계에서는 사물의 작용 방식이 다소 다르다는 사실에 주목해 유명한 불확정성 원리를 내놓았어요.

> "어느 순간에, 예컨대 전자 같은 아원자 입자의 위치와 속도를 동시에 정확하게 아는 것은 불가능하다."

만약 전자의 위치를 정확하게 안다면 속도를 정확하게 알 수 없고, 속도를 정확하게 안다면 위치를 정확하게 알 수 없어요.

우리는 한 번에 한 가지 속성만 알 수 있을 뿐이에요.

우리의 관찰 행위가 관찰 대상을 변화시킨다

만약 현미경으로 전자를 보려고 한다면, 광자가 전자에 가서 충돌해야 하는데, 그러면 전자의 위치나 속도가 변하게 됩니다.

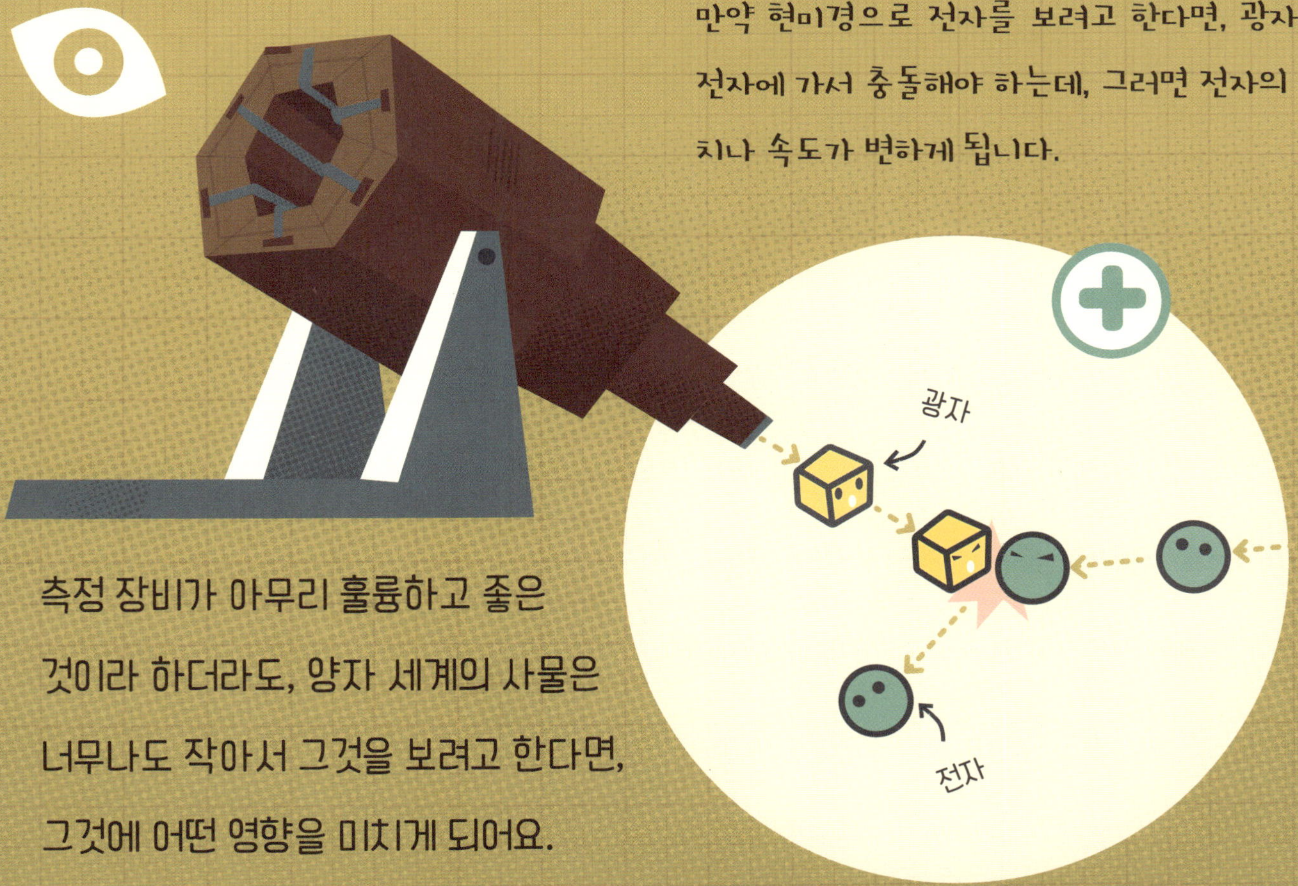

측정 장비가 아무리 훌륭하고 좋은 것이라 하더라도, 양자 세계의 사물은 너무나도 작아서 그것을 보려고 한다면, 그것에 어떤 영향을 미치게 되어요.

광자

전자

핑!

광자

불확정성 원리는 거시 세계에서도 성립해요. 다만, 거시 세계의 사물은 아주 커서 그 효과가 눈에 띄게 나타나지 않을 뿐이에요.

반물질 수수께끼

앞에서 보았듯이, 우리가 아는 모든 물질은 원자로 이루어져 있고,
원자는 전자와 양성자와 중성자로 이루어져 있어요.

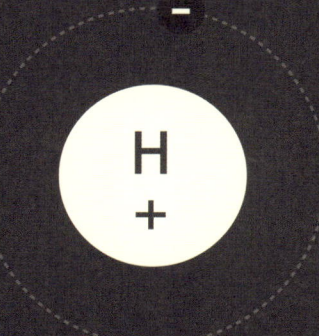

물질로 이루어진 수소 원자　　　　　　　　　　　　반물질로 이루어진 수소 원자

반입자　　　　　　　　　　　　　　반물질

유명한 물리학자인 폴 디랙은 전자와 반대 전하를 가진 쌍둥이 입자가 있을 것이라고 예측했어요. 이 입자를 반전자 또는 양전자라고 불러요. 이 입자는 모든 면에서 전자와 똑같지만, 음전하가 아닌 양전하를 띠고 있다는 점만 달라요. 양전자는 전자의 반입자예요.
양성자에 대해서도 똑같이 말할 수 있어요. 양성자도 그에 대응하는 반입자가 있는데, 반양성자는 음전하를 띤 양성자예요.
일반적으로 우리가 아는 모든 입자는 그에 대응하는 반입자가 있어요.

수소 원자는 원자핵에 양성자 1개와 중성자 1개가 있고, 전자껍질에 전자가 1개 있어요.
반양성자와 반중성자를 결합시켜 원자핵을 만들고 그 주위에 양전자를 돌게 하면, 수소 원자의 반원자를 만들 수 있어요. 이렇게 반입자를 사용해 반물질 원자를 만들 수 있어요.
전자와 양전자가 만나면, 어떤 일이 일어날까요? 서로 파괴되어 사라지면서 에너지가 감마선으로 나와요.

반물질로 된 자신을 만나거든 아주 조심해야 해요! 악수 같은 신체 접촉을 해서는 절대로 안 돼요! 엄청난 폭발이 일어나면서 둘 다 사라지고 말 테니까요.

하지만 염려하지 않아도 돼요. 우리 우주에는 반물질이 극히 드물어요. 반물질이 왜 그렇게 적게 존재하는지 그 이유는 아직 몰라요. 물질과 반물질이 이렇게 비대칭적으로 존재하는 이유를 설명하려고 시도한 이론들이 여러 가지 나왔지만, 이 문제는 아직까지 풀리지 않은 수수께끼로 남아 있어요.

양자 얽힘

양자역학에서는 일단의 입자들이 마치 하나의 계처럼 행동하는 방식으로 상호 작용할 수 있어요.
이럴 때 이 입자들은 서로 얽혀 있다고 이야기해요.

이런 상태에서는 두 입자 사이의 거리가 얼마이건 상관없이, 한 입자에 일어난 일이 다른 입자에 즉각 영향을 미쳐요.

실험실에서 서로 얽힌 두 광자로 이루어진 양자계를 '만들' 수 있어요. 얽힌 상태에서는 두 광자 중 하나의 스핀이 업이면, 다른 것의 스핀은 다운이에요.

우리는 각각의 광자가 어떤 스핀을 가졌는지 몰라요. 그것은 무작위적이에요. 한 광자의 스핀을 측정했더니 그것이 업이라면, 다른 광자의 스핀은 자동적으로 다운이 됩니다.

양자계
한 광자가 업 스핀이면, 다른 광자는 자동적으로 다운 스핀이 되어요.

광자들은 멀리 떨어져 있어도 마치 서로 간에 즉각적으로 대화를 나누는 것처럼 의사소통을 해요. "이봐, 이번엔 내가 업이 될 테니까, 넌 다운이 되도록 해."

정말로 믿기 힘든 사실은 두 광자 사이의 거리가 아무리 멀어도 문제가 되지 않는다는 거예요. 한 광자가 지구에 있고 다른 광자가 화성에 있더라도, 둘 사이에는 즉각적으로 의사소통이 일어나요!

어떻게 거리에 상관없이 서로 간에 즉각적으로 의사소통이 일어날 수 있을까요? 우주의 한 법칙은 어떤 것도 빛보다 빨리 달릴 수 없다고 말하는데도 말이에요.

아인슈타인은 이것을 유령 같은 원격 작용이라고 불렀어요.

이것은 양자 세계에서 일어나는 마술 중 하나예요. 아인슈타인을 포함해 많은 과학자들은 이 개념을 좋아하지 않지만, 어쨌든 세상은 이런 식으로 돌아가는 것처럼 보여요.

이 현상은 물리학자 존 벨이 고안한 실험을 통해 실험실에서 여러 차례 증명되었어요.

방사능

프랑스 물리학자 베크렐은 1896년에 천연 방사능을 발견했어요. 베크렐은 우라늄이 들어 있는 (피치블렌드 같은) 광석에서 방사능이 자연적으로 나온다는 사실을 발견했습니다.

방사능의 정체는 무엇일까요?

어떤 원자는 원자핵이 아주 커서 '불편함'을 느끼기 시작해요. 그래서 몸을 가볍게 하기 위해 자신의 일부를 방사선의 형태로 내보내요. 이런 일은 자연 발생적으로 일어나는데, 이것이 일어나는 방식은 세 가지가 있어요.

알파선(α) — 원자핵에서 중성자 2개와 양성자 2개가 결합해 양전하를 띤 헬륨 원자핵이 되어요.

감마선(γ) — 불필요한 에너지 중 일부를 없애기 위해 원자핵에서 고에너지 광자들이 방출되는 과정이에요.

베타선(β⁻) — 원자핵 속에서 마치 마술처럼 중성자가 양성자로 변해요. 이 과정에서 전자 하나가 나오는데, 이것이 베타선(β⁻)이라는 방사선으로 나오지요. 흥미로운 사실은 정반대 과정이 일어날 수도 있다는 점이에요. 즉, 양성자가 중성자로 변하고 그 과정에서 양전자가 나와요. 조심하세요! 반물질이 만들어졌으니까요. 양전자로 이루어진 방사선은 양전하를 띤 베타선(β⁺)이에요.

어느 경우든, 원자는 '더 편안한 상태'로 있으려고 에너지를 약간 내보내요.

원자 안에서 여분의 에너지를 광자의 형태로 내보내면서 더 높은 에너지 준위에서 더 낮은 에너지 준위로 양자 도약을 하는 전자에게도 바로 이런 일이 일어나요(28~29쪽 참고).

방사능은 생물에게 아주 위험해요.

마리 퀴리

마리 퀴리는 유명한 폴란드 과학자예요. 남편인 피에르 퀴리와 함께 천연 방사능 현상을 연구하여 우라늄 외에도 토륨과 폴로늄(마리의 조국인 폴란드를 기려 붙인 이름), 라듐을 비롯해 여러 가지 방사성 물질을 발견했어요.

이런 업적 덕분에 마리 퀴리는 1903년과 1911년에 두 번이나 노벨상을 받았어요.

오늘날 의사들은 방사선을 치료 목적으로 사용합니다. 한 예를 들면 X선이 있는데, 우리는 X선 촬영을 사용해 골절이나 부상 부위를 살펴볼 수 있어요. 또 다른 예로는 종양을 치료하는 데 쓰이는 방사선 요법이 있어요.

방사능의 발견은 아주 중요한데, 방사능은 의료 분야에 유용하게 쓰이는 것 외에도 물질의 내부 구조를 이해하는 데 큰 도움을 주기 때문입니다.

원자력

원자력은 핵분열 반응과 핵융합 반응을 이용해 큰 에너지를 얻을 수 있게 해 줍니다.

핵분열

원자핵을 둘로 쪼개면, 그 과정에서 많은 에너지가 나옵니다. 원자력 발전소에서는 이 에너지를 이용해 전기를 만들지요. 불행하게도, 핵분열 반응은 원자폭탄을 만드는 데에도 쓰입니다.

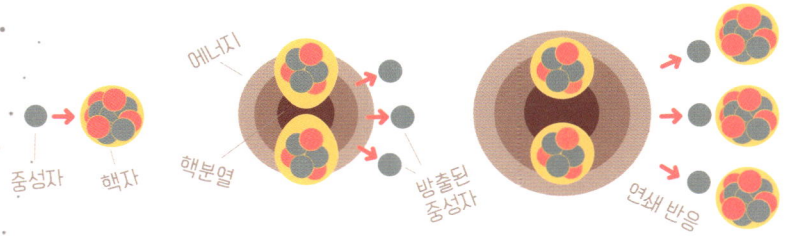

핵융합

두 원자핵이 충돌해 합쳐지면서 더 큰 원자핵이 만들어질 때에도 많은 에너지가 나와요. 태양을 비롯해 별들은 바로 이 과정을 통해 에너지를 만들어요. 따라서 지구에 생명이 살 수 있는 것도 바로 핵융합 반응 때문이에요.

터널 효과

벽을 통과할 수 있다고 상상해 보세요. 그럴 수 있다면 정말로 멋지겠지요?

입자들은 에너지 장벽(우리가 현실에서 느끼는 벽과 비슷한 것)을 통과할 수 있어요.

이런 일은 바로 터널 효과 때문에 가능합니다.

먼저, 일상생활 속에서 작은 예를 살펴볼까요?

시끄러운 음악을 틀면, 그 소리가 벽을 통과해 반대편에서도 희미하게 들려요.

반면에 벽을 향해 공을 던지면, 공은 벽을 통과하지 못하고 도로 튀어나와요.

벽에 닿은 음파는 튀어나오지만, 그중 일부가 벽을 통과해 지나가기 때문에 반대편에서도 희미하게 소리를 들을 수 있어요.

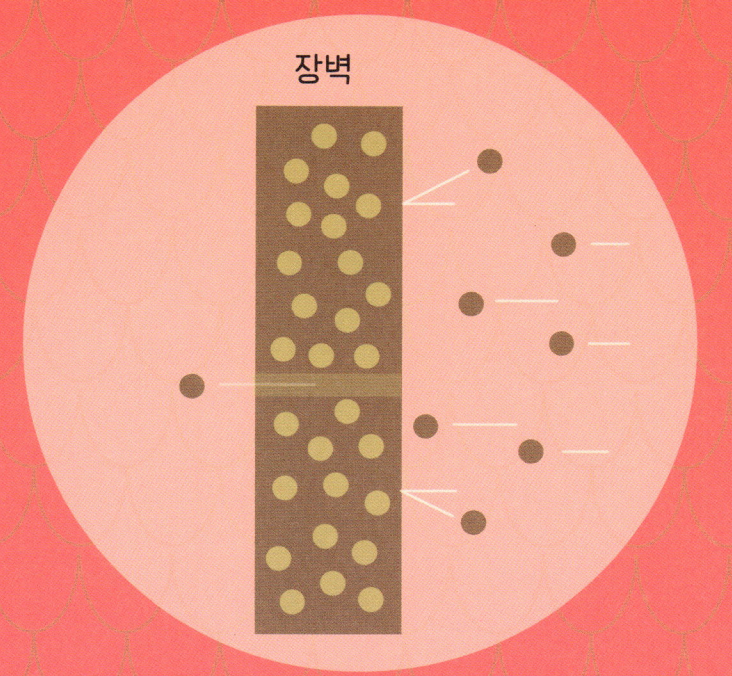

장벽

파동-입자 이중성 때문에 전자가 확률파처럼 행동할 수 있다고 한 이야기(32~33쪽)를 기억하나요?
장벽에 도달하면, 전자의 파동 중 대부분은 튀어나오지만, 일부는 장벽을 통과해 반대편으로 갈 확률이 약간 있어요.
이런 일이 일어날 때에는 마치 전자가 터널을 통해 장벽을 통과한 것처럼 보여요.

이런 일은 전자에게만 일어나는 게 아니에요. 다른 입자에게도 일어날 수 있어요.

그렇다면 양성자와 중성자와 전자로 이루어진 우리는 왜 벽을 통과하지 못할까요?

그것은 우리에 해당하는 파동이 너무나도 작아서 벽을 통과할 확률이 너무 작기 때문이에요.
그 확률은 우주의 전 역사에 해당하는 시간이 흘러도 그런 일이 일어나지 않을 정도로 작아요.
그러나 그렇다고 해서 그런 일이 전혀 일어날 수 없다는 것은 아니에요.

원한다면 한번 시도해 보세요.
하지만 벽에 쿵 부딪치길 평생 동안 반복해도
성공하지 못할 가능성이 아주 높아요.

자유다!

오, 쟤가 탈출했어!

예를 들면, 방사능 현상은 알파 입자가 터널 효과 때문에 원자핵에서 탈출하면서 일어나요.

ALICE 감지기

CMS 감지기

수백만 기가바이트의 정보를 처리하는 컴퓨터실도 있어요.

유럽입자물리학연구소
CERN의 입자 가속기 내부

과학은 이론을 만들고, 실험을 통해 이론을 검증하면서 발전합니다.
그런 실험을 하는 데에는 특별한 장비가 필요할 때가 있어요.
가장 작은 물질 조각인 아원자 입자를 연구하는 데에는
지금까지 만든 것 중 가장 거대한 장비가 필요해요.

거대 강입자 충돌기는 세상에서 가장 큰 입자 가속기예요.
스위스 제네바 부근의 지하 100m 깊이 터널에 설치된 이 입자 가속기는
지름이 27km나 되는 고리 모양을 하고 있어요.
거대 강입자 충돌기는 거대한 자석을 사용해 양성자 빔을 광속에 가까운 속도로 가속해요.
양성자들을 서로 다른 두 관 속에서 각각 반대 방향으로 회전시키다가 마침내 충돌시켜요.
이 실험의 목적은 우주가 탄생하던 순간에 일어난 일을 그대로 재현하는 것이에요.
그렇게 해서 우리가 아는 물질(아원자 입자와 원자)과
모르는 물질(힉스 입자나 반물질, 암흑 물질 등)이 어떻게 생겨났는지 알아내려고 해요.
암흑 물질은 아직 우리가 그 정체를 제대로 알지 못하지만,
우주 전체의 질량 - 에너지 중 약 4분의 1을 차지한다고 알려져 있어요.

ATLAS 감지기

LHC-b 감지기

입자들은 먼저 소형 가속기에서 가속되어요.

1000개 이상의 전자석을 사용해 입자를 가속시켜요.

소립자

소립자는 가장 기본적인 입자를 가리켜요. 즉, 더 작은 입자로 쪼갤 수 없는 입자예요.

처음에 과학자들은 소립자가 원자를 이루는 입자들인 양성자와 중성자와 전자밖에 없다고 생각했어요.

그러나 입자 가속기 덕분에 양성자와 중성자도 그보다 더 작은 쿼크로 이루어져 있다는 사실을 알게 되었어요.

입자 가속기에서 두 양성자를 아주 빠른 속도로 가속시켜 충돌시키자, 양성자가 분해되면서 더 작은 입자들로 쪼개졌어요.

이렇게 해서 우리는 양성자가 3개의 쿼크로 이루어져 있다는 사실을 알게 되었어요.

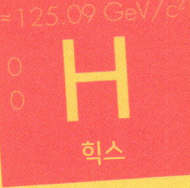

중성자 역시 3개의 쿼크로 이루어져 있어요.

표준 모형

이 이론은 자연계에는 어떤 종류의 소립자들이 있고, 소립자들이 어떻게 상호 작용하는지 설명해 줍니다.

오늘날 소립자 가족은 쿼크, 경입자, 보손(boson) 등 3개가 있는 것으로 알려져 있어요.

쿼크: 양성자와 중성자를 이루는 소립자

질량 전하 스핀 이름				
	≈2.4 MeV/c² 2/3 1/2 **u** 업 쿼크	≈1.275 GeV/c² 2/3 1/2 **c** 참 쿼크	≈172.44 GeV/c² 2/3 1/2 **t** 톱 쿼크	0 0 1 **g** 글루온
	≈4.8 MeV/c² -1/3 1/2 **d** 다운 쿼크	≈95 MeV/c² -1/3 1/2 **s** 스트레인지 쿼크	≈4.18 GeV/c² -1/3 1/2 **b** 보텀 쿼크	0 0 1 **γ** 광자
	≈0.511 MeV/c² -1 1/2 **e** 전자	≈105.67 MeV/c² -1 1/2 **μ** 뮤온	≈1.7768 GeV/c² -1 1/2 **τ** 타우온	≈91.19 GeV/c² 0 1 **Z** Z 보손
	<2.2 eV/c² 0 1/2 **νe** 전자 중성미자	<1.7 MeV/c² 0 1/2 **νμ** 뮤온 중성미자	<15.5 MeV/c² 0 1/2 **ντ** 타우 중성미자	≈80.39 GeV/c² ±1 1/2 **W** W 보손

게이지 보손: 힘을 전달하는 소립자.

경입자: 전자, 뮤온, 타우온처럼 비교적 질량이 가벼운 소립자.

≈125.09 GeV/c²
0
0
H
힉스

힉스 입자
(힉스 보손)

얼마 전에 유럽입자물리연구소(CERN)에서 힉스 입자(이 입자의 이름은 발견자의 이름에서 따왔어요)라는 입자를 새로 발견했어요. 모든 입자와 물체가 질량을 가지고 있는 것은 바로 이 입자 때문이에요. 그러니 다음번에 체중계 위에 섰다가 자신의 체중이 마음에 들지 않거든, 이 입자를 탓하세요!

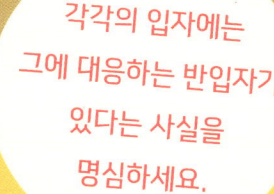

각각의 입자에는 그에 대응하는 반입자가 있다는 사실을 명심하세요.

현대 물리학이 가져다준 혜택

물리학 분야에서 일어난 발견들은 현대의 많은 발명품에 응용되었어요. 여러분 집 안에서도 양자 장비를 많이 찾아볼 수 있을 거예요.

전자레인지로 음식물 가열하기

마이크로파(전자기파의 한 종류)는 음식물 속의 물 분자를 진동하게 만들어요. 이 방법으로 음식물을 빨리 그리고 안전하게 가열할 수 있어요.

휴대 전화

휴대용 전자 장비(태블릿, 스마트폰, 랩톱 컴퓨터)는 양자 장비를 많이 사용해요. 그 예로는 터치스크린과 LED 카메라 플래시, 메모리 카드, 마이크로프로세서, 이러한 장비들의 내부에 있는 전자 회로 등이 있어요. 그리고 이 모든 장비에는 반도체 물질이 쓰여요.

X선 촬영

몸을 투과하는 X선의 성질 덕분에 우리는 뼈와 신체 내부를 들여다보면서 잘못된 부분을 찾아낼 수 있어요.

인덕션레인지로 달걀 삶기

자기장이 냄비나 팬의 금속 원자들을 진동시켜요. 그러면 냄비나 팬이 가열되므로, 이를 이용해 조리를 할 수 있어요.

LED 조명

오늘날에는 거의 모든 조명에 발광 다이오드(LED)에서 나오는 빛을 사용해요. 반도체로 만드는 발광 다이오드는 적은 에너지로 빛을 만들 수 있어요. 반도체는 양자물리학 덕분에 실생활에 널리 쓰이게 되었어요.

레이저

양자론을 이용해 폭이 아주 좁은 한 가지 색의 빛을 만들 수 있는데, 이것이 바로 레이저예요. 레이저는 많은 곳에 쓰여요. 몇 가지 예를 들면, DVD 영화, 레이저 포인터, 수술용 메스, 그리고 아주 강력한 것으로는 금속 절단용 레이저 등이 있어요.

현대 물리학이 미래에 가져다줄 혜택

하루하루가 지날 때마다 과학은 우리를 얼마 전까지만 해도 전혀 알려지지 않았던 자연의 영역에 더 가까이 다가가게 해 줍니다. 과학자들이 새로운 것을 계속 발견함에 따라 앞으로 믿기 힘든 일들이 점점 더 많이 일어날 거예요.

양자 컴퓨터 10 11

컴퓨터는 비트(bit)를 기본 단위로 사용하는 체계로 돌아가요. 즉, 모든 정보가 0과 1로 표현됩니다. 양자 컴퓨터는 큐비트(qubit)를 기본 단위로 사용해요. 이것은 0과 1의 상태 외에 양자 중첩 덕분에 0과 1의 조합으로 이루어진 두 가지 상태가 더 있어요. 큐비트를 기본 단위로 사용하면, 같은 시간에 훨씬 많은 정보를 처리할 수 있어요. 그래서 컴퓨터의 속도가 지금보다 수백만 배나 더 빨라질 수 있어요.

나노봇

나노봇(nanobot)은 분자 몇 개로 만든 초소형 로봇으로, 우리 몸속에서 돌아다니면서 이상이 있는 곳을 찾아내고 병을 치료할 수 있어요.

신물질

원자 구조에 대한 지식을 활용해 그래핀(graphene) 같은 물질이 개발되고 있어요. 그래핀은 아주 유연하고 탄성이 좋으며, 강도도 강철보다 100배 이상 강해요. 또, 아주 가볍고, 전기 전도성도 아주 뛰어난 물질이에요. 그래서 비행기와 건물을 만드는 재료로 쓰일 수 있고, 심지어는 수명이 더 길고 성능이 더 좋은 전자 장비와 전지를 만드는 데에도 쓰일 수 있어요.

원격 전송

양자 얽힘을 이용해 정보를 순식간에 원격 전송하는 실험은 이미 일어나고 있어요. 미래에는 아주 먼 거리 사이에서 대량의 정보를 원격 전송할 수 있을 거예요. 그러면 인터넷 속도가 얼마나 빨라질지 상상해 보세요!

인터랙티브 안경과 렌즈

미래의 안경은 렌즈가 컴퓨터 화면처럼 우리가 바라보는 물체에 대한 정보를 제공할 거예요. 안경을 쓰는 게 싫다면, 똑같은 기능을 가진 콘택트렌즈도 있어요. 가이드 역할을 하는 안경을 끼고서 관광을 하는 장면을 상상해 보세요.

유연한 화면

텔레비전과 모바일 장비의 화면이 아주 유연하게 변할 거예요. 화면을 접거나 심지어 돌돌 말 수도 있을 거예요. 벽을 스크린 '벽지'로 덮을 수도 있어요. 그러면 벽이나 바닥, 천장이 텔레비전 화면이 될 거예요.

철학적 문제

양자물리학은 실재(인식 주체로부터 독립해 객관적으로 존재하는 것)가 무엇인지에 대해 많은 질문을 던져요. 따라서 앞으로 맞닥뜨릴 철학적 문제들을 해결하기 위해 과학자와 철학자가 협력해야 해요.

양자물리학의 역사

1801: 토머스 영이 이중 슬릿 실험을 하다

아인슈타인이 일반 상대성 이론을 발표하다

1차 세계대전이 벌어지다

러더퍼드가 원자핵을 발견하다

1910

마리 퀴리가 방사능을 연구한 업적으로 첫 번째 노벨상을 받다

1차 세계대전이 끝나다

1916 | 1915 | 1910 | 1909 | 1908 | 1907 | 1906 | 1905 | 1904

1917 | 1918 | 1919

닐스 보어가 자신의 원자 모형을 발표하다

아인슈타인이 세상을 뒤흔든 논문 네 편을 발표하다

1920

드브로이가 물질파 개념을 내놓다

하우드스밋과 윌렌벡이 스핀 개념을 도입하다

디랙이 전자의 반입자인 양전자의 존재를 예측하다

채드윅이 중성자를 발견하다

1920 | 1921 | 1922 | 1923 | 1924 | 1925 | 1926 | 1928 | 1929 | **1930** | 1931 | 1932 | 1933

슈뢰딩거가 파동 방정식을 발견하다

파울리가 배타 원리를 발견하다

하이젠베르크가 불확정성 원리를 발표하다

슈뢰딩거가 고양이를 사용한 사고 실험 결과를 내놓다

1980

파인먼의 이론을 검증하기 위해 전자를 사용한 이중 슬릿 실험이 일어나다

벨의 부등식 정리에 관한 실험에서 처음으로 양자 얽힘을 지지하는 결과가 나오다

1970

1982 | 1981 | 1980 | 1979 | 1978 | 1977 | 1976 | 1973 | 1972 | 1971 | 1970 | 1969 | 196

1984

알랭 아스페가 실험을 통해 양자 얽힘 가설을 입증하다

페르미국립가속기연구소에서 보텀 쿼크를 발견하다

표준 모형의 발전

21세기!

인스브루크 대학교에서 최초의 양자 원격 전송 실험을 하다

1985 | 1986 | 1987 | 1988 | 1989 | **1990** | 1991 | 1992 | 1993 | 1994 | 1995 | 1996 | 1997 | 1998 | 1999 | 2000

46

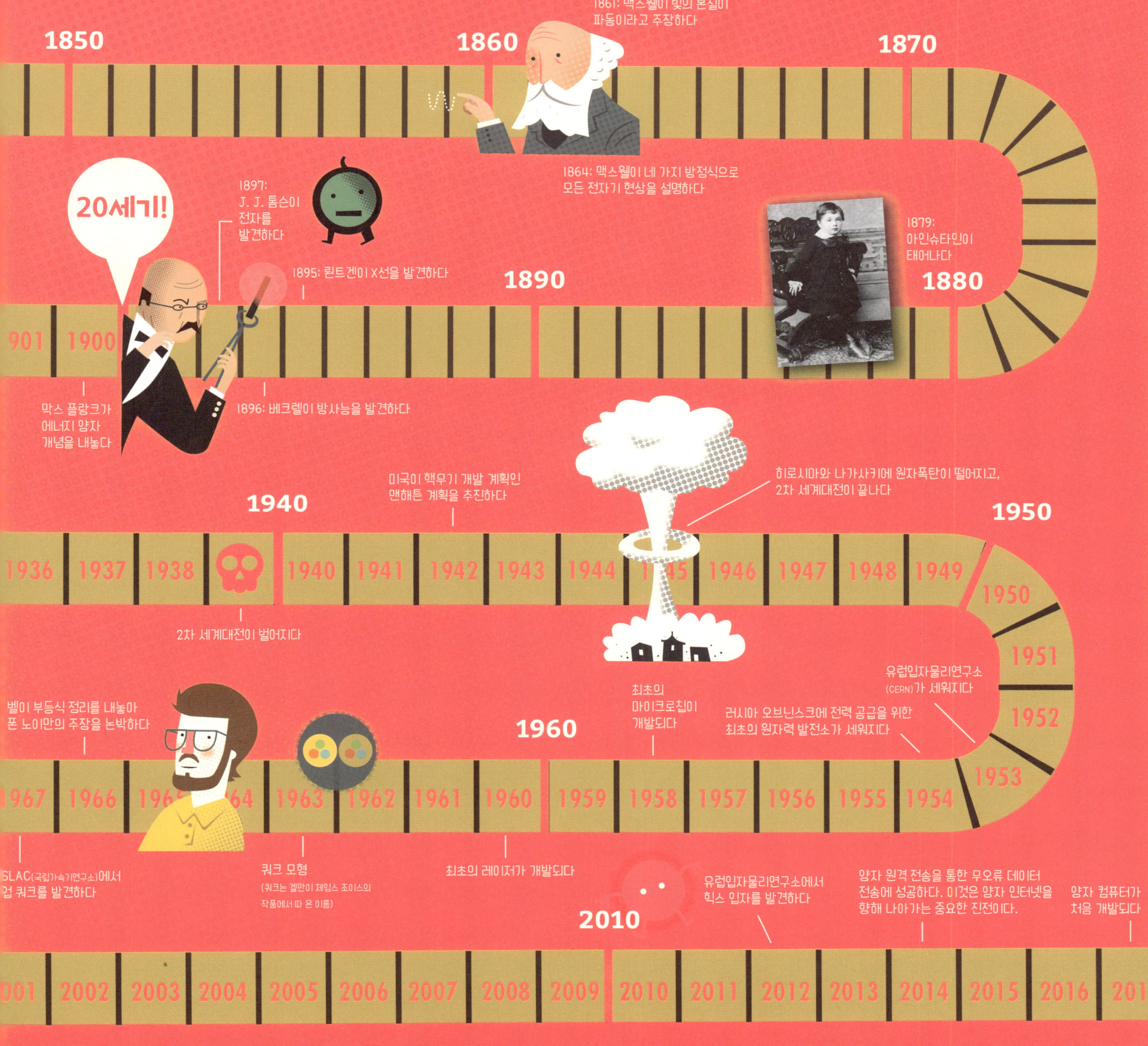

수학적 우주

이 책에서 말로 설명한 과학의 모든 개념은 다른 언어로도 표현할 수 있어요. 그 언어는 바로 수학이에요. 수학은 우주의 언어인데, 우리를 둘러싼 실재를 제대로 이해하려면 반드시 이 언어를 배워야 해요.

유명한 방정식을 몇 개 살펴보면 다음과 같아요.

뉴턴의 두 번째 운동 법칙

$$\vec{F} = m\vec{a}$$

이 법칙은 물체의 운동량이 어떻게 변하는지 기술해요. 어떤 물체의 운동량을 변화시키려면, 그 물체에 힘을 가해야 해요. 힘을 가하지 않으면, 그 물체는 원래 상태 그대로 있어요.

맥스웰 방정식

$$\nabla \cdot \vec{E} = \frac{\rho}{\epsilon_0}$$

$$\nabla \times \vec{E} = -\frac{\partial \vec{B}}{\partial t}$$

$$\nabla \cdot \vec{B} = 0$$

$$\nabla \times \vec{B} = \mu_0 \vec{J} + \frac{1}{c^2}\frac{\partial \vec{E}}{\partial t}$$

이 방정식들은 전자기 현상을 기술해요. 이 방정식들은 또 빛이 광속으로 달리는 전자기파로 이루어져 있다고 알려 줍니다.

파동-입자 이중성

슈뢰딩거 방정식 (시간에 독립적인)

$$E|\Psi\rangle = \hat{H}|\Psi\rangle$$

이 방정식은 원자와 분자의 오비탈을 계산하는 데 쓰여요. 전자는 이러한 오비탈에서 발견할 수 있어요.

하이젠베르크의 불확정성 원리

$$\Delta x \Delta p \geq \frac{\hbar}{2}$$

어떤 입자의 위치를 정확하게 안다면, 그 운동량을 정확하게 알 수 없다는 원리예요. 그 반대도 성립해요.

$$\lambda = \frac{h}{p}$$

드브로이 방정식

이 방정식은 물질이 파동처럼 행동할 수 있다는 것을 보여 줍니다.

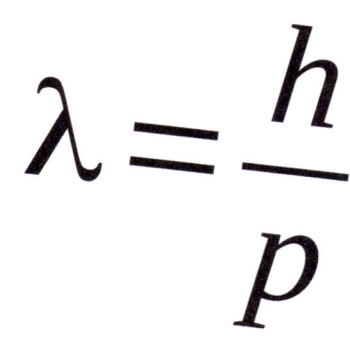

광자의 에너지

$$E = hf$$

이 방정식은 에너지 양자를 나타내는 것으로, 플랑크가 발견했어요. 나중에 아인슈타인은 양자 개념을 사용해 광전 효과를 설명합니다.

질량-에너지 등가 (아인슈타인)

태양 에너지도 바로 이 방정식에 따라 질량이 에너지로 변하면서 만들어져요.

$$E = mc^2$$

디랙 방정식

이 방정식 덕분에 반물질의 존재를 알게 되었어요.

$$(i\hbar\gamma^\mu\partial_\mu - mc)\psi = 0$$

보편 상수

이것들은 수학 방정식에서 나타나는 상수로, 어떤 상황에서도 일정한 값을 유지해요. 물리학에서 가장 유명한 보편 상수 세 가지를 소개합니다.

플랑크 상수

$$h = 6.62607004 \times 10^{-34} \text{ Js}$$

빛의 속도

$$c = 299\,792\,458 \text{ m/s}$$

기본 전하 (전자의 전하)

$$e = 1.60217662 \times 10^{-19} \text{ C}$$

감사하는 말

세다드 카이드-살라 페론

이 책의 교열을 봐 준 디에고 후라도와 카를레스 무뇨스에게 감사드립니다. 두 사람은 물리학에 대한 열정을 함께 나눈 최고의 친구로, 대학 시절부터 서로 과학적 의견을 교환하면서 좋은 시간을 많이 보냈습니다. 아버지와 미술가와 친구로서 자신의 훌륭한 통찰력을 제공한 살바 산치스에게도 감사드립니다.

텍스트 수정 작업과 교정 작업을 도와주고, 특히 항상 내 곁에 있어 준 아내 헬레나와, 이 책에 나오는 개념들을 계속 다시 손질하게끔 도움을 준 내 아이들 타레크와 우나이에게도 큰 고마움을 표시하고 싶습니다. 오, 그리고 인마도 빼놓을 수 없지요. 이들이 없었더라면, 이 책에 실린 개념들은 잘 이해할 수 있는 방식으로 표현되지 못했을 것입니다.

에두아르드 알타리바

이 책이 나오는 데 도움을 준 모든 사람에게 큰 감사를 드립니다. 특히 모든 지원을 아끼지 않고 무한한 인내심을 보여 준 멜리와 페레, 로우르데스, 아리아드나에게 감사드립니다. 또, 최종 완성본 원고를 읽으면서 우리가 미처 보지 못한 것을 지적해 준 사비 비야누에바, 호셉 보익스, 페레 알타리바, 피쿠 옴스에게도 감사드립니다.

또한 알베르트 아인슈타인, 막스 플랑크, 닐스 보어, 마리 퀴리를 비롯해 과학에 헌신하면서 이 모든 것을 가능케 한 모든 사람들에게 감사드립니다.

글쓴이 **세다드 카이드-살라 페론(Sheddad Kaid-Salah Ferrón)**
물리학과 약학 학위가 있는 과학과 물리학 애호가이다. 학교를 졸업한 뒤 아이들에게 과학을 가르치며, 물리학을 계속 공부하고 있다. 제약 분야에서 일하며, 망원경으로 우주를 관찰하고, 지금은 인기 있는 과학 도서를 집필하고 있다.

그린이 **에두아르드 알타리바(Eduard Altarriba)**
그래픽 디자이너이자 일러스트레이터이다. 실용적이고 재미있는, 어린이를 위한 게임, 전시회, 애니메이션, 앱과 통합 문서를 제작하는 독립 스튜디오 알라바발라(Alababala)를 운영하고 있다.

옮긴이 **이충호**
서울대학교 사범대학 화학과를 졸업하고, 현재 과학 전문 번역가로 활동하고 있다. 『신은 왜 우리 곁을 떠나지 않았는가』로 2001년 제20회 한국과학기술도서 번역상을 받았다. 옮긴 책으로 『진화심리학』, 『사라진 스푼』, 『이야기 파라독스』, 『화학이 화끈화끈』, 『59초』, 『내 안의 유인원』, 『많아지면 달라진다』, 『루시퍼 이펙트』, 『행복은 전염된다』, 『우주의 비밀』, 『세계의 모든 신화』, 『루시—최초의 인류』, 『공포의 먼지 폭풍』, 『흙보다 더 오래된 지구』 등이 있다.

감수 **김선배**
동국대학교 수학과와 물리학과를 졸업한 뒤 동국대 대학원에서 물리학 박사 학위를 받았다. 지금 동국대 자연과학연구원 연구교수 및 강의교수, 동국대 과학영재원 책임교수로 학생들을 지도하고 있다. 새로운 주제를 개발하는 데 관심이 많고, 각 대학의 과학영재원 사사과정 발표대회의 물리학 부문 심사위원을 맡는 등 영재교육 관련 분야에서 많은 활동을 하고 있다.

처음 읽는 양자물리학

1판 1쇄 발행	2020년 2월 10일
1판 7쇄 발행	2023년 3월 20일
글쓴이	세다드 카이드-살라 페론
그린이	에두아르드 알타리바
옮긴이	이충호
감수	김선배
펴낸이	조추자
펴낸곳	두레아이들
등록	2002년 4월 26일 제10-2365호
주소	(04075)서울시 마포구 독막로 100 세방글로벌시티 603호
전화	02)702-2119(영업), 703-8781(편집), 02)715-9420(팩스)
이메일	dourei@chol.com

- 책값은 뒤표지에 적혀 있습니다. 잘못 만들어진 책은 구입하신 곳에서 바꾸어 드립니다.
- 이 도서의 국립중앙도서관 출판예정도서목록(CIP)은 서지정보유통지원시스템 홈페이지(http://seoji.nl.go.kr)와 국가자료공동목록시스템(http://www.nl.go.kr/kolisnet)에서 이용하실 수 있습니다(CIP제어번호: CIP2020000928)

ISBN 978-89-91550-97-1 73420

처음 읽는 시리즈

누구나 이해하기 쉬운 설명, 재미있고 재치 있는 그림과 구성으로
복잡하고 까다로운 과학의 세계를 설명해 주는 '처음 읽는 시리즈!'

처음 읽는 양자물리학
세다드 카이드-살라 페론 글 | 에두아르드 알타리바 그림 | 이충호 옮김 | 김선배 감수

양자물리학이란 무엇이며, 우리 일상생활에 어떤 영향을 미치는가? 까다로운 양자물리학의 역사, 개념부터 이론들까지 양자물리학의 모든 것을 이해하기 쉬운 설명과 그림으로 들려주는 놀라운 책! 아이는 물론 온 가족이 함께 '처음 읽는' 양자물리학 책이다.

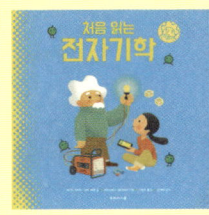
처음 읽는 전자기학
세다드 카이드-살라 페론 글 | 에두아르드 알타리바 그림 | 이충호 옮김 | 김선배 감수

오늘날 전기와 자기는 사방에 널려 있고, 전기와 자기 없이 작동하는 것은 찾기가 힘들다. 그런데 전기란 대체 무엇이고, 전기는 자석과 무슨 관계가 있을까? 또 자기란 무엇일까? 더 흥미로운 질문이 있는데, 이 모든 것은 '빛'과 무슨 관계가 있을까? 환상적인 전자기학의 세계를 탐험하다 보면, 이 질문들은 물론 여러분이 궁금해하는 많은 질문에 대한 답을 찾을 수 있을 것이다.

처음 읽는 상대성 이론
세다드 카이드-살라 페론 글 | 에두아르드 알타리바 그림 | 이충호 옮김 | 김선배 감수

아인슈타인의 상대성 이론은 시간과 공간에 관한 이론이다. 그럼, 우리가 다 안다고 생각하는 시간과 공간, 속력, 운동이란 과연 무엇일까? 이 개념을 이해하고 나면 아인슈타인처럼 특수 상대성 이론을 통해 세계를 이해할 수 있고, 실제로 우주에서 일어나는 일들도 알게된다. '처음 읽는' 시리즈 두 번째 책이다.

처음 읽는 미생물의 세계
세다드 카이드-살라 페론 글 | 에두아르드 알타리바 그림 | 이충호 옮김 | 이장훈 감수

땅이건 바다건, 심지어 우리 피부를 비롯해 어디를 바라보건, 모든 곳에는 너무 작아서 보이지 않는 생물이 있는데, 이를 미생물이 부른다. 단 하나 또는 여러 세포로 이루어진 이 작은 생물들은 지구의 모든 생물이 살아가는 데 꼭 필요하다. 미생물 중에는 우리에게 이로운 것도 있고 해로운 것도 있다. 다윈 박사와 함께 흥미진진한 미생물의 세계로 여행을 떠나보자!

처음 읽는 코스모스
세다드 카이드-살라 페론 글 | 에두아르드 알타리바 그림 | 이충호 옮김 | 김선배 감수

우주의 거대 구조를 결정하는 중력부터 빅뱅, 블랙홀, 암흑물질, 암흑 에너지, 우주망, 중력파, 웜홀 등은 무엇이며, 별은 어떻게 태어나고 죽는지, 우주가 팽창한다는 게 무엇인지, 우주는 어떻게 되는지 등 우주에 관한 모든 궁금증을 알기 쉽고 재미있게 들려준다. 우주가 태어난 순간부터 시작해 끝나는 순간까지 우주의 전체 생애를 살펴보는 신나는 여행이 될 것이다.

처음 읽는 건축의 역사
베르타 바르디 이 밀라 글 | 에두아르드 알타리바 그림 | 이섬민 옮김

이글루, 오두막, 대성당, 피라미드, 초고층 빌딩 등 인류의 역사와 함께 발전해 온 건축물과 건축가들의 이야기를 들려준다. 소박한 주택에서 경이적인 마천루, 파르테논 신전에서부터 부르즈 할리파에 이르는 상징적인 건축물들을 시대순으로 흥미롭고 자세히 설명해 준다. 건축의 역사가 이 한 권에 모두 담겨 있다!

처음 읽는 에너지
요하네스 히른·베로니카 산스 글 | 에두아르드 알타리바 그림 | 이충호 옮김 | 김선배 감수

불의 발견, 물과 바람, 열과 증기, 태양열과 원자력 등을 이용해 에너지를 얻는 방법에서부터 에너지를 효율적으로 생산하고 배분하는 스마트 그리드, 우주 탐사선이 에너지를 얻는 방법에 이르기까지 에너지의 생성, 측정, 활용 및 변환 방법과 에너지의 역사를 생생한 그림과 함께 알기 쉽고 재미있게 설명해 준다. 우리 주변 어디에나 있는 '에너지'란 과연 정확히 무엇일까?

'처음 읽는 시리즈'는 계속됩니다!